Duval

RÉPUBLIQUE FRANÇAISE

DÉPARTEMENT DE L'ORNE

CONSEIL GÉNÉRAL

SESSION D'AOUT 1891

RAPPORT

DE

M. Louis DUVAL, ARCHIVISTE DU DÉPARTEMENT

ALENÇON
IMPRIMERIE TYPOGRAPHIQUE F. GUY
11, RUE DE LA HALLE-AUX-TOILES, 11

1891

8° Z
9953 (1)

A M. Léopold Delisle
hommage respectueux
L Duval

RÉPUBLIQUE FRANÇAISE

DÉPARTEMENT DE L'ORNE

CONSEIL GÉNÉRAL

BIBLIOTHÈQUE NATIONALE
DON
DELISLE BURNOUF
Nº
IMPRIMÉS

SESSION D'AOUT 1891

RAPPORT

DE

M. Louis DUVAL, ARCHIVISTE DU DÉPARTEMENT

ALENÇON
IMPRIMERIE TYPOGRAPHIQUE F. GUY
11, RUE DE LA HALLE-AUX-TOILES, 11

1891

ARCHIVES DÉPARTEMENTALES DE L'ORNE

RAPPORT

DE

M. Louis DUVAL, archiviste

Alençon, le 11 juillet 1891.

Monsieur le Préfet,

En exécution de l'article 4 de la circulaire du 6 mars 1843, j'ai l'honneur de vous adresser mon rapport annuel sur le service des Archives départementales.

I. Locaux.

L'établissement de nouvelles tablettes est devenu indispensable pour installer les volumes du *Moniteur* dont une partie est restée jusqu'à ce jour dans la salle du conseil de préfecture, et les Inventaires des Archives des départements, des communes et des hospices qui sont adressés par le ministère.

La Commission départementale, en vérifiant l'état des Archives en exécution de l'article 83 de la loi du 10 août 1871, pourra constater que tous les soins nécessaires sont donnés à la conservation des collections, mais que certaines parties du local, de même que l'outillage lui-même, échelles doubles, échelle roulante, etc., laissent à désirer.

II. Acquisitions, dons et réintégrations.

Les Archives départementales possèdent les tomes I et II du terrier de la collégiale de Toussaint de Mortagne. L'existence d'un troisième volume m'ayant été signalée, je me suis empressé d'acquérir ce registre, malheureusement incomplet, mais renfermant néanmoins de précieux extraits de documents disparus.

Dans ce troisième volume, on trouve notamment l'analyse d'actes du XIVe siècle relatifs aux étangs que la collégiale possédait à St-Martin-du-Vieux-Bellême.

Un registre de l'état civil de la paroisse d'Ecouché, de 1580 à 1586, tombé entre les mains d'un collectionneur, a été également cédé aux Archives à un prix minime. Les documents de cette nature, indépendamment de leur valeur intrinsèque, sont de ceux qui, au premier chef, doivent être considérés comme propriété inaliénable des Archives publiques.

Il en est de même, par exemple, des documents relatifs à la communauté des habitants de Saint-Martin-l'Aiguillon, dont M. Jules Cochon avait déjà retrouvé la plus grande partie. Les fragments que j'ai acquis récemment complètent ce dossier.

J'ai pu faire l'acquisition d'autres titres moins importants à des conditions avantageuses :

E. Confrérie de St-Côme, Ménil-Scelleur, 1661-1704.

Communauté des habitants de Loucé, 1773.

Fragments du terrier de la seigneurie de Mimbré, XVIIIe siècle.

Familles Basire, 1587
Bonissey, 1495
Leconte, 1451
Louvel, 1469

Pichon, 1627
Picois, 1512
Visage, 1700

Comme les années précédentes, plusieurs dons ont été faits aux Archives.

1° Un marché consenti en 1662, par Nicolas Chéron, maître architecte, pour l'exécution d'un autel orné des statues de saint Joseph et de saint Martin, dans l'église du Merlerault.

Un dessin de l'autel en question est inséré dans l'acte muni des signatures d'André du Plessis-Chatillon, seigneur du Merlerault, du curé et des principaux habitants. Cette pièce provenant du tabellionnage du Merlerault, a été déposée aux Archives par M. H. du Motey, avocat.

2° Titre de la fabrique de St-Léonard d'Alençon, 1649.

Titres des familles Bonnet, 1680

Corneille, 1613
Duperche, 1733
Grandchamp, 1742
Rouillé, 1741

(Donné par M. J. Cochon, inspecteur des forêts à Saint-Claude).

3° Registre du comité de surveillance de Barville (canton de Pervenchères), 1793-1794 (Donné par M. J. Besnard).

Le dépouillement des papiers retirés l'année dernière des greniers de la sous-préfecture de Mortagne, a exigé un travail long et minutieux dont le détail suit.

Série C. — Registre des insinuations du bureau de Mortagne 1787-1789. — Bureau intermédiaire de Mortagne 1788-1789. — Rôles de la taille et des vingtièmes de l'élection de Mortagne, 1788-1789. — Ponts et chaussées, devis, 1789.

Série E. — Titres de famille : Bonvoust, Cloustier, Courtillolles (de), Duchesnay, Escorches (d'), Houdouard, Le Vayer, Picard, Tascher (de), Vaugon.

Municipalités : Dame-Marie, 1788.

Corps de métiers : Apothicaires ; Joailliers ; Perruquiers.

Série *G*. — Cures de Bubertré, Champs, Courgeout, Eperrais, Lignerolles, St-Germain-des-Grois, St-Jouin-de-Blavou, St-Ouen-de-Sécherouvre, Theil (le), Tourouvre.

Série H. — Hôpital de Mortagne, 1788 1789.

Les documents de la période révolutionnaire forment la partie la plus volumineuse des documents provenant de Mortagne (Séries L et Q).

Correspondance du directoire du district de Mortagne.

Administrations des cantons de Bellême, Coulimer, Longni, La Ménière, Mortagne, la Perrière, St-Germain-de-la-Coudre, St-Maurice-sur-Huîne, Soligni, Tourouvre.

Comités de surveillance : Mortagne, Bazoches, Ferd'huis, Bresolette, Courgeout, Lande-sur-Eure (la), Loisail, Longni, Marchainville, Monceaux, Randonnai, St-Etienne-sur-Sarthe, St-Hilaire-lès-Mortagne, St-Julien-sur-Sarthe, St-Langis, St-Maurice-sur-Huîne, St-Quentin-de-Blavou, La Vallée-sur-Sarthe.

Sociétés populaires de Laigle, Longni, Mortagne, St-Maurice-de-Bon-Air.

Dans la série Q (Domaines nationaux), j'ai noté deux liasses, une de procès-verbaux d'estimation de biens nationaux, et une autre relative au mobilier et à l'argenterie des églises.

Parmi les documents appartenant au régime postérieur à l'an VIII, on peut signaler les liasses relatives aux fêtes instituées pour le mariage des jeunes filles dotées par l'empereur (1810) et une autre relative à la secte des Louisets ou de la Petite église qui compta des adhérents dans ce pays jusqu'à la fin de la restauration.

Les anciens registres de la correspondance et des arrêtés du sous-préfet de Mortagne, ont pris place dans la série K. En dehors de l'intérêt qu'ils peuvent présenter au point de vue administratif, il est à noter qu'ils émanent en grande partie de Delestang, sous-préfet de Mortagne de l'an VIII à 1812, fonctionnaire laborieux, instruit, zélé, qui, par goût et par un sentiment patriotique estimable, s'est constamment occupé de recherches sur la statistique et sur l'histoire du Perche.

III. Versements de documents administratifs.

La 1re division a versé 7 liasses.
La 2me division 18 liasses.
Le service des enfants assistés 16 liasses.

IV. Suppression de papiers inutiles.

Le triage des papiers devenus inutiles au bout de la période déterminée par la circulaire du 12 août 1887, se poursuit sous ma surveillance. Les papiers à retirer des Comptes de gestion, et appartenant à l'Etat forment déjà un lot assez considérable, mais il paraît préférable d'attendre la prochaine session du Conseil général, pour demander les autorisations nécessaires pour les supprimer. Les papiers inutiles existant dans les archives de la la Sous-Préfecture de Mortagne pourront à cette époque, après triage, être l'objet d'une proposition semblable.

V. Classement et inventaire

Un commencement de classement des documents provenant des anciens bailliages, principalement de ceux de Mortagne et de Bellême, a permis de restituer aux séries E, G et H un certain nombre de pièces de production ou de liasses étrangères à l'administration de la justice, restées dans les greffes :

Série E. — Famille de Quincé (lettres de Le Tellier, marquis de Louvois)

Administration de la ville de Bellême, de 1652 à 1698 : Assemblée générale des habitants, pour délibérer sur les affaires communes, nomination des officiers municipaux et du principal du Collège, Hôpital, Maladrerie, Bureau des pauvres, gouvernement de l'*aureloge*, dettes de la ville, franc-alleu, cens et rentes dus au domaine, taille, impositions extraordinaires, ustensiles et garnison, arrière-ban et milice, police municipale.

Série G. — Séminaire de Falaise. — Chapitre de Sées. Prébende de St-Jean-de-la-Forêt (copie de titres remontant au XIIe siècle.)

Série H. — Abbaye d'Arcisse. — Couvent des Capucins de Mortagne.

L'extension qu'a prise la série G m'a déterminé à la soumettre à un classement plus rigoureux que celui qui avait été appliqué provisoirement. Les fonds provenant des fabriques des églises ont été répartis non plus simplement selon l'ordre alphabétique de la nomenclature actuelle des communes du département de l'Orne mais suivant les diocèses auxquels ils appartenaient avant la Révolution.

Le diocèse de Sées est ainsi représenté aux Archives par 217 fonds (évêché, cathédrale, séminaire, baronnie de

Fleuré, officialités, insinuations, chapitre), chiffre qui est bien loin de répondre à l'étendue de cette importante circonscription qui s'étendait au nord, bien au-delà du département actuel, tandis qu'elle était très resserrée aux environs de Sées. Pour le diocèse de Lisieux, je trouve 52 fonds, évêché du Mans, 41, Bayeux, 33, Evreux, 12, Chartres, 12.

Parmi les paroisses représentées dans cette série, il s'en trouve un certain nombre qui appartiennent aux départements limitrophes. Les documents relatifs à ces paroisses, que possèdent les Archives de l'Orne, pourraient ainsi faire l'objet d'un échange utile.

Avec l'agrément du Conseil général, et l'autorisation de M. le Ministre de l'Instruction publique, les Archives de l'Orne, pourraient céder sans inconvénient, les documents, registres de l'état-civil, comptes, actes de propriété relatifs aux paroisses suivantes :

Bauquay, Chapelle-Haute-Grue (la), Condé-sur-Noireau, Croisilles, Firfol, Goulafrière (la), Grébert, Guibray, Hoguette (la), Jort, Livarot, Louvagny, Maisoncelles, Ménil-Ozouf, Ménil-Villemen, Meré, Montpinçon, Montviette, Moutiers-en-Cinglais, Norei, Pont (le), Poterie-de-Vignats (la), Petit-Truttemer (le), Proussy, Sainte-Foy-de-Montgommery, Saint-Georges-de-Pontchardon.

En contre-échange, nous pourrions obtenir du Calvados divers documents conservés dans les Archives de ce département et non encore inventoriés, notamment les papiers de l'ancienne vicomté de Briouze, déposés au greffe de Falaise quelques années avant la Révolution et depuis transportés à Caen.

L'Inventaire sommaire de la série H n'a pas été interrompu et les deux premières feuilles du tome II sont imprimées. Il comprend les prieurés d'Alençon, de Boisroger, de Bresnard, de Briouze, de la Chaise, de Chartrage-les-Mortagne, de Chêne-Galon, de Crouptes, de Friardel, de Goulet, de Lambiore, de Moutiers-au-Perche, de

Nogent-le-Rotrou, de Perrières, de Rouvrou, de Sainte-Barbe-en-Auge, de Sainte-Gauburge, de Saint-Sulpice-sur-Rille, de Ticheville, de Toublon.

L'Inventaire du fonds du Vieux-Bellême, qui renferme les documents les plus anciens que possèdent les Archives de l'Orne est commencé, mais exigera plusieurs mois d'un travail assidu, en raison de son importance.

L'Inventaire sommaire de la série L (période révolutionnaire), réclamé par le Ministère, est en bonne voie, mais comme il n'est guère facile d'y travailler que dans la belle saison, il n'est pas possible d'y consacrer beaucoup de temps. J'ai pris mes dispositions pour pouvoir reprendre le classement définitif que le défaut d'espace dans cette partie des Archives m'avait forcé d'interrompre.

VI. Communications et Expéditions.

Le nombre des communications sur place ou avec déplacement, faites aux bureaux de la Préfecture, aux diverses administrations et aux particuliers a été de 415. Tous les dossiers communiqués aux bureaux de la préfecture ont été rendus.

Le nombre des expéditions a été de 5, dont une gratuite. Leur produit est de 6 fr.

VII. Archives des Sous-Préfectures

Je me propose de consacrer plusieurs jours au triage des papiers antérieurs à 1830, qui existent encore à la sous-préfecture de Mortagne. Les documents paraissant présenter de l'intérêt, seront, comme je l'ai fait l'année dernière, transportés aux archives départementales. Ceux que la circulaire ministérielle précitée autorise à mettre au rebut pourront faire l'objet d'une vente, après l'accomplissement des formalités nécessaires, et j'ai l'honneur de vous proposer de demander au Conseil général d'émettre un vœu dans ce sens.

La suppression des papiers inutiles, qui encombrent les archives de Mortagne, est réclamée avec instance par M. le Sous-Préfet. Je vous prierai, M. le Préfet, de vouloir bien me faire allouer une indemnité pour ce travail, à la fois très pénible et très malsain.

VIII. Bibliothèque administrative

Je vous prie de vouloir bien m'autoriser à faire acheter, pour le bureau des Archives, le *Dictionnaire de l'ancienne langue française*, de Frédéric Godefroy, qui peut être regardé comme un instrument indispensable pour la lecture et l'intelligence des anciens textes.

Un don de livres très considérable a été fait aux archives par M. le Ministre de l'instruction publique, il comprend une centaine de volumes in-4° de la collection des Documents inédits de l'histoire de France et plusieurs publications relatives à l'archéologie et à la linguistique, qui ont été l'objet de souscriptions de la part du gouvernement.

M. Veuclin, publiciste à Bernay, vous a fait hommage d'une collection de brochures dont il est l'auteur. Plus d'une présente de l'intérêt même au point de vue ornais. Je citerai notamment les notes sur *Le Juge des Férons de Normandie*, empruntées aux archives de l'Orne, et dans lesquelles il est question des forges de Saint-Wandrille, de Saint-Evroult, de Gacé, de la Ferté-Frênel, de Glos-la-Ferrière.

L'Agriculture en 1787 dans le pays d'Ouche, du même auteur, est la reproduction d'un rapport de Vallemont de

Bomare, naturaliste et agronome distingué, qui fait connaître la situation de l'agriculture dans notre pays au siècle dernier.

Le Journal d'un paysan, *François Hue*, *du Sap*, *Les Chansons villageoises* recueillies par le même et le *Récit villageois* en patois du pays d'Ouche, canton de Beauménil, la Ferté-Frênel, se recommandent également à l'attention des philologues.

La note sur la chapelle du collège de Flers en 1673, nous révèle un détail inédit et inattendu sur les origines de la seconde ville du département de l'Orne.

La demande qui vous a été adressée par M. Veuclin, d'un exemplaire du volume de l'Inventaire des archives de l'Orne, série H, récemment publié, me paraît devoir être accueillie, cet instrument de travail pouvant être entre les mains de M. Veuclin, l'occasion de nouvelles recherches sur l'histoire de notre pays.

IX. Personnel et crédits

J'ai l'honneur de vous prier de proposer au Conseil général de maintenir les crédits qu'il consacre annuellement à la conservation des archives du département, au traitement de l'archiviste et à celui de son auxiliaire.

Inspection des archives communales et hospitalières

Dans mes précédents rapports, j'ai cru devoir vous faire connaître, que l'exécution des instructions ministérielles et préfectorales, en ce qui concerne la conservation des archives communales, laissait à désirer dans certaines mairies. Malheureusement, dans le cours de mes tournées, j'ai eu encore à constater dans quelques communes un état fâcheux. Dans trois communes surtout, cet état est tel que les documents administratifs sont exposés à être rapidement détériorés par suite de l'humidité et du défaut d'aération des locaux, si l'on n'y porte un prompt remède.

Ailleurs j'ai trouvé les archives dans un désordre complet, les feuilles du recueil des actes administratifs éparses, et j'ai dû passer un temps assez long à essayer de reconstituer les collections des années les plus récentes.

Une pareille situation est faite évidemment pour éveiller votre sollicitude. Les actes de l'état civil surtout ont un caractère en quelque sorte sacré. C'est l'instrument authentique qui relie les générations actuelles à celles qui les ont précédées, et le premier devoir des maires est de veiller à leur conservation avec un soin religieux.

Je crois qu'il n'est pas possible de trop insister sur ce point, car il s'agit d'un intérêt moral de premier ordre.

Une des mesures les plus efficaces pour assurer la conservation de ces précieux documents, serait de prendre le parti qui a été adopté dans certains départements, notamment dans la Sarthe, de faire déposer successivement à la Préfecture, les registres de l'état civil des communes des différents cantons du département ; et de charger l'archiviste d'en faire l'Inventaire sommaire, dans la forme adoptée par le Ministère. L'Inventaire des archives communales de la Sarthe antérieures à 1790, forme un beau volume du plus grand intérêt. Il suffirait de voter le crédit nécessaire pour obtenir le même résultat dans l'Orne. Ce serait le moyen d'arrêter les détériorations de registres précieux et d'apprendre aux maires l'intérêt que l'administration attache à leur conservation.

Les anciens registres de l'état civil, dépouillés méthodiquement, fourniraient les éléments d'une chronique locale depuis le XVIe siècle, comme on peut s'en rendre compte au moyen des extraits ci-dessous que j'ai consignés dans mes notes d'inspection à mon passage dans chaque commune.

1567, 2 août. Mort de Luc Goupil, « magister des escoliers de céans. » (Bazoche-sur-Hoëne).

1568. Ambroise Manche, de la petite Roche, fut inhumé le XIVe jour de septembre 1568, temps de sédition, pour ce que nous le jectames en la fosse pour servir les Eugunots. (Id.)

1581. Représentation du mystère de Sainte-Barbe, le dimanche d'avan la Magdeleine. Le curé de Couterne, Pierre Durand y jouait le rôle d'un des chevaliers de Dioscorus. (Couterne).

1583. Peste et mortalité (St-Hilaire-les-Mortagne).

1589. « Le duc du Maigne print Alençon, et le vendrédy XXVIe jour de may au dit an, la gresle ravagea beaucoup de pays, et le jour de la Conception au dit an, le camp du roy print Alençon qui pour lors tenoit Monsieur de Laigo (Semallé).

1590. Guerre civile. Combat entre Sainte-Céronne et Saint-Hilaire-les-Mortagne (Saint-Hilaire-les-Mortagne).

1594. « En l'an 1594, les bledz ou partie d'iceulx demeurèrent à fère, à cause des eaulx, après la Saint-Martin, et les dites eaulx commencèrent trois jours de la Saint-Lucas et continuèrent longtemps. » (Semallé).

1600, mois de septembre et octobre. Contagion, nombreux décès (Ciral).

1602. « Le vendredi XIXe jour de mars 1602, le corps de l'église de Semallé cheut ; toute la charpenterie fut rompue et la tuile toute cassée et brisée. » (Semallé).

1606. Tremblement de terre accompagné de coups de tonnerre (Couterne).

1621. « La nuict entre le jeudy et vendredy septième et huitième d'octobre 1621, fut tué Montchrestien, nommé Vadeville, etc. (les Tourailles).

1624. Le neuf^e jour de juin 1624 qui estoit dimanche nous allâmes en procession au Mont-Saint-Michel, laquelle procession fut conduite par M. Paluel et moy, Marin Guillochin, vicaire, assistez de Mr Julien Jardin, presbtre.

1626. Peste à St-Ceneri près Sées (Aunou-sur-Orne). — Peste à Sées, règlement sur les inhumations.

1639. « En l'an 1639, les levées estant d'un très beau préparatif, viron la St-Jean, il tomba de la poison sur les seigles qui furent tellement guastés qu'il en falloit plus de vingt gerbes au boisseau (Briouze).

« La révolte d'Avranches avecques quelques autres places de Basse-Normandie, fut en ceste année 1639 à la persuasion d'un nommé Nus-Pieds soy-disant général de l'armée des pauvres souffrants, qui fut cause que le roy envoia Gastion avec une armée de mil hommes qui vindrent par Caen où il print mal aux citoiens de la ville, puis s'en allèrent par Avranches etc. » (id.)

1640. « Le jour de Paques, il fit une si grande foudre la nuit et le vent fut tellement impétueux qu'il fit tomber plusieurs arbres et maisons, comme aussy il tomba de la neige en telle abondance, qu'à grande peine pouvoit-on sortir (id.)

1641. 18 décembre. « A l'issue des vespres il fit un tel coup d'orage que les plus assurés eurent une telle apprébention qu'ils pensèrent estres morts. » (id.)

1650. Orage qui causa l'incendie du clocher du Mesle-sur-Sarthe (Le Mêle-sur-Sarthe).

1651, décembre. Débordement de la Sarthe (id.)

A partir du milieu du XVIIe siècle, les séries des registres paroissiaux présentant moins de lacunes, les notes de la nature de celles que je viens de citer deviennent plus fréquentes et forment une chaîne presque continue jusqu'à la Révolution.

Du mois d'août 1889 au mois de juillet 1891, je n'ai pu visiter que 34 communes, mais je me propose de faire de nouvelles tournées au mois de septembre.

J'ai noté plus haut les communes dont les archives laissent le plus à désirer.

Dans d'autres, l'exécution des instructions ministérielles et préfectorales, pour la mise en ordre des archives, est médiocre ou passable. Au cours de mon inspection, j'ai fait les constatations suivantes :

Chahains. — Archives au domicile du maire; registres de l'état civil depuis 1652, un peu détériorés. Les registres contiennent les procès-verbaux de publication, l'analyse des contrats de vente et le mémoire des veaux et agneaux de dîme appartenant au curé.

Champ-de-la-Pierre. — Archives au domicile du maire. Etat civil depuis 1705.

Ciral. — Mairie neuve. Les papiers qui y ont été déposés ont contracté un peu d'humidité et j'ai dû avertir le maire de la nécessité d'aérer ce local. Etat civil depuis 1600.

Cuissai. — Etat civil depuis 1646.

Lande-de-Goult (*La*). — Inventaire rédigé en 1878. Registres de l'état civil depuis 1682.

Longuenoë. — Local un peu humide. Etat civil depuis 1692.

Loré. — Etat civil depuis 1764. Comptes du trésor pour 1713, à réintégrer aux archives départementales.

St-Didier-sous-Ecouves. — Etat civil depuis 1616. Publication en 1654 d'une ordonnance de Gilles Ruel, sieur de Beauvais, capitaine des chasses. Billet du curé pour la réparation du presbytère en 1656. Rôle de la taille de la paroisse en 1764, montant à 1,110 livres.

St-Germain-le-Vieux. — Etat civil depuis 1657.

St-Léonard-des-Parcs. — Inventaire rédigé en 1888. Registre de délibérations depuis 1788. Etat civil depuis 1622.

Ste-Marguerite-de-Carrouges, érigée en 1867. — Classement méthodique des archives. Lettres de série sur les tablettes.

St-Martin-des-Landes. — Local un peu humide. Etat civil depuis 1674.

St-Martin-l'Aiguillon. — Etat civil depuis 1694.

Les archives que j'ai trouvé les mieux tenues, dans leur ensemble, sont les suivantes :

Aunou-sur-Orne. Etat civil remontant à 1626. Registre de délibérations depuis 1787.

Boucé. Etat civil depuis 1636.

Carrouges. Etat civil depuis 1605. Comptes de la fabrique depuis 1648 jusqu'à la Révolution.

Le dépôt de ces comptes aux archives départementales doit être demandé au maire.

BIBLIOTHÈQUE NATIONALE DON

Chapelle-Biche (La). Inventaire très détaillé. L'instituteur, M. Surville, a en outre dressé une table des noms contenus dans les registres de l'état civil qui remontent à 1733. Etendant le cercle de ses recherches aux actes notariés, et aux contrats privés conservés dans les familles de la localité, il a réuni les éléments d'une notice historique et statistique très complète sur la Chapelle-Biche. Un pareil travail paraît mériter des encouragements, et il serait à souhaiter que cet exemple eût quelques imitateurs parmi les secrétaires de mairie.

Condé-sur-Sarthe. Inventaire nouvellement rédigé. Les lacunes existant dans le Recueil des actes administratifs pourront être comblées au moyen des doubles conservés aux Archives départementales.

Courtomer. Inventaire régulier. Etat civil depuis 1611. On y trouve l'acte de décès de Thomas Calimas, curé de Courtomer, auteur des Mémoires pour servir à l'histoire du diocèse de Sées, mort à l'âge de 49 ans et inhumé dans le chœur de l'église.

Le registre de 1751, fournit des notes sur l'intempérie des saisons, qui fut cette année très défavorable aux récoltes.

En 1764, l'abbé Poupard, curé de Courtomer, nous apprend qu'il fit un semis de glands et une plantation de bouleaux dans la pièce des Trois-Acres, appartenant à la cure. En 1765, un tableau représentant l'Assomption fut commandé à Guyard, peintre alençonnais, pour la décoration de l'autel de la Vierge, ce tableau qui fut posé le 28 septembre coûta 50 livres. Il fut payé au moyen des quêtes faites dans la paroisse et de la vente du fil offert à l'église le jour des épousailles par les nouvelles mariées, auxquelles on remettait solennellement une quenouille.

En 1766, baptême de la grosse cloche de Courtomer, dont fut parrain le marquis de Saint-Simon, représenté par M. Collet, son intendant. En 1667, disette, telle que les familles furent obligées de retirer leurs enfants des séminaires et des pensions. En 1766 nouvelle disette.

Crâménil. Récolement de l'inventaire fait en 1888. Etat civil depuis 1672.

Domfront. Il existe toujours une lacune dans les archives municipales de Domfront. Le registre de délibérations antérieur à 1742, n'a pu être retrouvé.

Gaprée. Etat civil depuis 1591. Un des registres renferme le compte des dimes et des charnages appartenant au curé de la seconde portion de la cure. En 1644, changement de prénom à l'occasion de la confirmation, imposé par Jacques Le Camus, évêque de Sées, à Marin Le Marié, qui auparavant s'appelait Jean et avait déjà trois frères portant le même nom de baptême. L'un de ces registres a pour couverture une double feuille de parchemin détachée d'un manuscrit du xve siècle, orné de lettres or et couleurs; c'est un fragment d'un roman qui pourrait bien être le *Livre du preux et vaillant Jason et de la belle Médée,* composé par Raoul Le Febvre et dédié à Philippe le Bon, duc de Bourgogne, imprimé à Lyon en 1491.

Les registres des délibérations de la même commune, remontent à 1788. On y trouve, à la date du 8 juin de cette année, le procès-verbal d'une assemblée pour la réparation de la tour et du clocher, dont les trois quarts sont à la charge des habitants et l'autre quart à la charge des décimateurs.

La Lacelle. Inventaire rédigé en 1883. Etat civil depuis 1620, contenant des procès-verbaux d'assemblées des habitants, notamment une délibération du 14 octobre 1787, tenue en présence de M. René Salles, écuyer, secrétaire du roi, seigneur de la paroisse et de celle de Ciral et d'Antoine René-Philippe de Saint-Nicolas, chevalier de Saint-Louis, ancien capitaine du régiment Dauphin-Cavalerie, seigneur des Feugerets, au sujet de la réparation des nefs de l'église.

Méhoudin. Inventaire rédigé en 1862. Etat civil depuis 1646, contenant des procès-verbaux d'assemblées des habitants. Parmi les pièces diverses, j'ai trouvé un compte de la fabrique de St-Ouen-le-Brisoult; antérieur à 1790, que j'ai restitué à la série G. des archives départementales.

Mortrée. Récolement de l'inventaire fait en 1884. Etat civil remontant à 1628, pour St-Martin-d'O, commune supprimée par la loi du 6 thermidor an II, ainsi que celle de Marigny, district d'Argentan, et de Bray, district d'Alençon. On y trouve des publications de contrats, une délibération des habitants contenant acceptation d'un legs fait à la fabrique par Marie Loublier, en 1694, et plusieurs nominations de collecteurs.

Rouperroux. Archives au domicile du maire. Etat civil depuis 1586. Assemblée des habitants, tenue le 21 mai 1690, au sujet de la réparation de l'église qui menace ruine, et pour l'envoi d'un registre au bailli d'Alençon pour faire faire visite de l'édifice par gens experts.

Sai. Etat civil remontant à 1636, et registre des délibérations à 1788.

St-Sauveur-de-Carrouges. Archives très bien tenues. Inventaire fait en 1874. Lettres de série sur les tablettes. Etat civil depuis 1625. Registre des gages-plèges de la seigneurie de Cordey, appartenant à Philippe du Closlange, pour Boucé, Saint-Sauveur et Sainte-Marie. Papiers provenant de la famille Druet, contenant des aveux pour le fief de Cordey depuis 1637 et une transaction entre le comte de Tillières, seigneur de Carrouges et M. du Closlange, sur les limites respectivés de leurs fiefs. Ces derniers documents, étrangers à l'administration municipale, et ayant le caractère de titres féodaux me semblent devoir entrer aux archives départementales et prendre place dans la série E.

Sées. Il existe aux archives de la ville de Sées, un papier terrier de la baronnie de Sées, qui me paraît devoir rentrer aux archives départementales comme titre féodal.

Vieux-Pont. — Inventaire dressé en 1857. Etat civil depuis 1691. Le registre de 1691 contient une délibération des habitants pour la nomination des collecteurs pour la recette nécessaire pour la nourriture de deux cavaliers pendant 19 jours, à raison de 20 sous par jour par chaque cavalier; 2° une délibération pour la levée de la somme de 20 livres sur les garçons de la paroisse, pour l'équipement d'un milicien — 1697, nomination des collecteurs pour l'assiette de l'impôt du sel — Taxe sur les vassaux tenus à la réparation des chaussées du moulin du Val — Payement à Marin Moulin, milicien de la paroisse, de la somme de 30 livres pour son équipement, avec deux cravates, deux mouchoirs et deux chemises. — Payement de la somme de 40 livres aux dragons en garnison à Ecouché. — Payement de la somme de 304 livres, pour la plus-value des fourrages et autres denrées pour les troupes du roi. — Procès-verbal de la découverte de Renée, veuve de Thomas Lecoc, trouvée noyée dans une fosse près de sa maison, « chargée de 78 ans, accablée de maladie et de pauvreté, supportant sa misère avec une parfaite résignation à la volonté de Dieu, sans qu'elle ait jamais fait paraître aucune faiblesse d'esprit, capable de la jeter dans le moindre désespoir, la dite information faite en présence de Jacques Lecomte, chirurgien, sieur de Beaujardin, bourgeois d'Ecouché. »

Comme conclusions au présent rapport, je crois devoir Monsieur le Préfet, vous proposer, d'adresser aux maires une circulaire pour leur rappeler leurs obligations en ce qui concerne les archives communales et pour les inviter à se conformer aux instructions contenues dans les circulaires préfectorales du 3 décembre 1858, n° 40, du 13 juillet 1867, n° 25, et du 14 janvier 1880, n° 5.

Les archives des hospices du département, riches en documents précieux, sont généralement très bien conservées. Il serait seulement à désirer que les commissions administratives s'occupassent de faire dresser et publier des inventaires sommaires de ces archives, comme on l'a fait dans la plupart des départements.

Veuillez agréer, etc.

Alençon, le 15 juillet 1891.

Louis Duval.

BIBLIOTHÈQUE NATIONALE
DON
DELISLE
N°
IMPRIMÉS

Alençon. — Imp. F. GUY, imprimeur de la Préfecture.

www.ingramcontent.com/pod-product-compliance
Lightning Source LLC
LaVergne TN
LVHW010311230826
846091LV00007B/3104

* 9 7 8 2 0 1 9 2 1 6 6 5 8 *